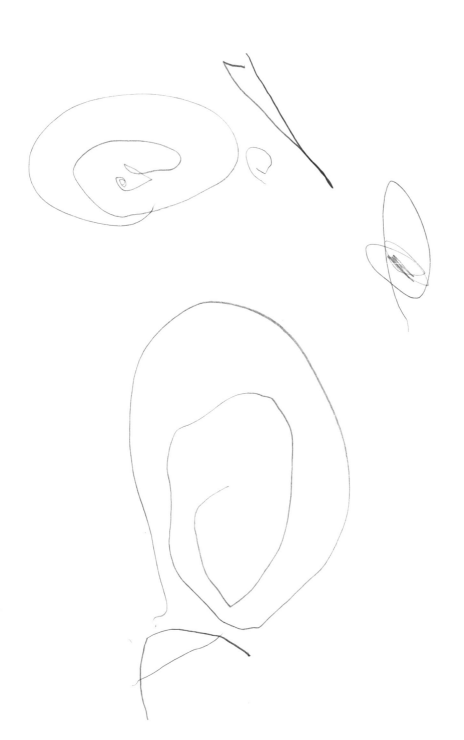

УЧЕБНИК ДЛЯ МАЛЫШЕЙ
БУКВАРЬ

ВЛАДИМИР СТЕПАНОВ

художник : И. Приходкин

Аа

Мм

MA-MA

Уу

ум

Ау, ма-ма!

Кк

КУ-МА, МА**К**, МУ-**К**А.

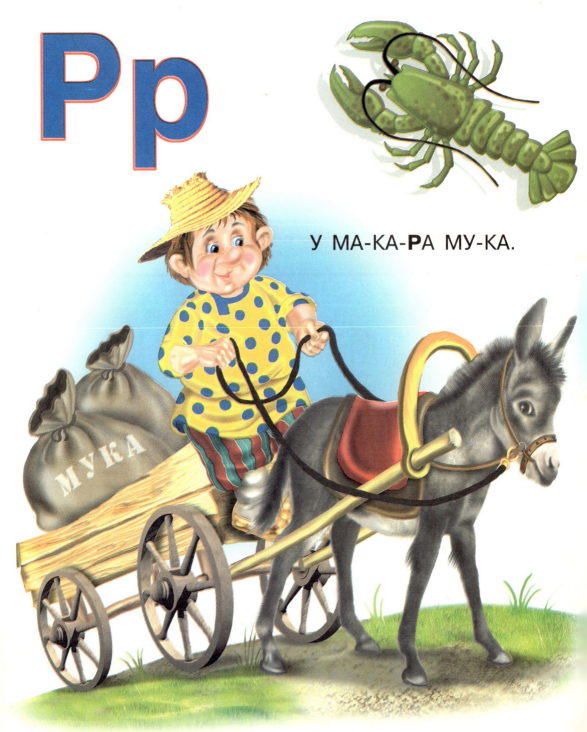

Яя

Я – ЯК.

А Я – РАК.

Я-МА – ЯМ-КА. МА-ЯК, ЯР-МАР-КА.

НА, Я-НА, МАР-КУ.

Ы ы

МЫ, РЫК, КРЫН-КА.

У АН-НЫ КУ-РЫ.

У МА-М**Ы** МУР-КА.

Лл

ЛУК, **Л**АК, **Л**А-МА, А-КУ-**Л**А, МУ**Л**.
РАК МА**Л**. МУР-КА МА-**Л**А.

У **Л**А-РЫ КРЫН-КА.

Я РЫ**Л** Я-МУ.

МА-МА МЫ-**Л**А **Л**УК.

Б б

А-НЯ БЫ-ЛА НА БА-ЛУ,

А **Б**АЛ **Б**ЫЛ У Я-НЫ.

БА-ЯН, БА-РАН, БА-НЯ, БА-РА-БАН, БУЛ-КА, РЫ-БА, У-ЛЫБ-КА, КРАБ.

 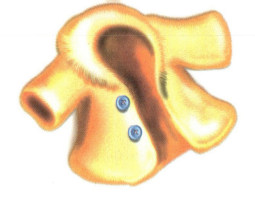

Я-ША КРЫЛ КРЫ-ШУ.

МА-ША ШЛА К МА-КА-РУ.
КА-МЫШ ШУР-ШАЛ.
МЫШ-КА ШУР-ША-ЛА.

ШАР, ШУМ, ШУ-БА, ША-ЛАШ,
КРЫ-ША, КАШ-КА, МЫШ-КА,
БА-БУШ-КА, КА-МЫШ, МА-ЛЫШ.

Ии

ИЛ, ИК-РА, ШИР-МА, ШИ-НА,
МИР, ШИШ-КА, ШАШ-КИ, КРИК.

И-РИШ-КА НА-ШЛА ШИШ-КУ. БА-БУШ-КА ШИ-ЛА
ШУ-БУ. У МЫШ-КИ ШКУР-КА, А У МА-ШИ-НЫ ШИ-НЫ.

О-КО, ОК-НО, О-БЛА-КО, ШКО-ЛА, КО-ЛО-КОЛ, ШИ-ЛО, КРЫ-ЛО.

Я-БЛО-НЯ О-КО-ЛО ОК-НА.
О-КО-ЛО Я-БЛО-НИ О-ЛЯ.

О-К**О**-Л**О** М**О**-РЯ Б**О**Р.
О-К**О**-Л**О** Б**О**-РА ША-ЛАШ.

К**О**Ш-КА **О**-К**О**-Л**О** ЛУ-К**О**Ш-КА.
М**О**-Л**О**-К**О** ЛА-КА-ЛА К**О**Ш-КА.

ДОМ, **Д**ЫМ, **Д**УБ, **Д**Ы-НЯ, КУ**Д**-РИ,
Я**Д**-РО, БО-РО-**Д**А, У-**Д**О**Д**, КО-МО**Д**.
КУ-**Д**А У-ШЛА **Д**И-НА?
ДИ-НА У-ШЛА НА РЫ-НОК.

МЫ ДО-ШЛИ ДО ДО-МА, ДЫМ НАД ДО-МОМ, КАК О-БЛА-КО.

Ее

ЕЛЬ, Е-МЕ-ЛЯ, РЕ-КА, ДЕ-ЛО, РЕ-ПА, СВЕТ, О-БЕД, НО-МЕР, МО-РЕ.

ВЕ-РА НА-ШЛА Я-БЛО-КО, А ЛЕ-НА НЕ НА-ШЛА.

Вв

ВОЛ, ВОЛК, ВО-ДА, ВИШ-НЯ, ВИ-ЛЫ, ДВОР, И-ВА, СВО-БО-ДА, КО-РО-ВА, НЕ-ВОД, ШОВ, ЛЕВ, КРОВ.

КОШ-КА В ДО-МЕ,

РЫБ-КА В МО-РЕ.

Й й

Й-ОД, **Й**-ОГ, ЛЕ**Й**-КА, МА**Й**-КА, РУ-КО-МО**Й**-НИК, РО**Й**, У-ЛЕ**Й**, БО**Й**, ВО-РО-БЕ**Й**.

НИ-КО-ЛА**Й**, ДА**Й** МНЕ КЛЕ**Й**.

МАЙ-Я, НА-ЛЕЙ В ЛЕЙ-КУ ВО-ДЫ ДЛЯ МЕ-НЯ.

Тт

ТОК, ТЕНЬ, ТАЙ-НА, ТИ-НА, ТИ-ШИ-НА, ШУТ-КА, КЛЕТ-КА, МЯ-ТА, КАР-ТА, КАР-ТИ-НА, КОТ, РОТ, ТОРТ.

КТО ЛО-ВИТ МЫ-ШЕЙ? КАК КТО? КОТ.
НА ДВО-РЕ ТРА-ВА, НА ТРА-ВЕ ДРО-ВА.

Сс

СОН, СУП, СТУЛ, СЕ-НО, СИ-ТО,
СО-ВА, СЛО-ВО, СКО-ВО-РО-ДА,
МОСТ, ЛИСТ, РО-СА, ШЕСТ, ДОС-КА,
КО-СА, ЛЕС, НА-ВЕС.

УС – У-СЫ, НОС – НО-СЫ, ВЕС – ВЕ-СЫ.
ВЕД-РО С ВО-ДОЙ.
КУСТ С БРУС-НИ-КОЙ.

СОМ С У-СА-МИ.

А ВОЛК С КЛЫ-КА-МИ.

РЯ-ДОМ С НА-МИ ЛЕС С ЛО-СЯ-МИ.

Ьь

МЫШЬ, СОЛЬ, РОЛЬ, ЛОСЬ, КО-РОЛЬ, КОСТЬ, КИСТЬ, ШМЕЛЬ, СВИ-РЕЛЬ, КА-РА-МЕЛЬ.

МОЛ – МОЛЬ, МЕЛ – МЕЛЬ,
ДЕНЬ – ДЕНЬ-КИ,
ЛИСТ – ЛИСТЬ-Я,
КОНЬ – КОНЬ-КИ.

РЫ-БАК И ЛИНЬ

НА РЕ-КЕ МЕЛЬ. В РЕ-КЕ ЛИНЬ.
У-ВИ-ДЕЛ ЛИНЬ РЫ-БА-КА И
СКРЫЛ-СЯ В ТЕНЬ... И КАК ТОЛЬ-КО
РЫ-БА-КУ НЕ ЛЕНЬ СИ-ДЕТЬ
ВЕСЬ ДЕНЬ ЛИ-НЯ У-ДИТЬ?

ГРОМ, ГЛИ-НА, ГРАБ-ЛИ, ГИР-ЛЯН-ДА, СТОГ,
ГИ-ТА-РА, У-ГОЛ, НО-ГА, РА-ДУ-ГА, КРУГ.

– ГДЕ ТЫ, ГУСЬ, ГУ-ЛЯЛ?
ГДЕ ТЫ ТРА-ВУ МЯЛ?
– ГА-ГА-ГА! НА ЛУ-ГУ,
НА КРУ-ТОМ БЕ-РЕ-ГУ.

Жж

ЖАР, ЖБАН, ЖА-БА, ЖАТ-ВА,
ЖУР-НАЛ, КО-ЖА, СТУ-ЖА, У-ЖИН,
ДРОЖ-ЖИ, ВОЖ-ЖИ, СТО-РОЖ,
НОЖ, ДРОЖЬ, РОЖЬ.

СНЕГ – СНЕ-ЖОК, ЛУГ – ЛУ-ЖОК,
БЕ-РЕГ – БЕ-РЕ-ЖОК, КНИ-ГА – КНИЖ-КА.

ЖУК КРУ-**Ж**ИЛ-СЯ И **ЖУЖ**-**Ж**АЛ,
У**Ж** НА СОЛ-НЫШ-КЕ ЛЕ-**Ж**АЛ.

Ёё

ЁЖ, ЁРШ, ЁЛ-КА, КЛЁСТ, МЁД, ЛЁН,
ТЁ-ТЯ, ПЛЁТ-КА, СА-МО-ЛЁТ, ГО-ЛО-ЛЁД,
ЖНИВЬ-Ё, РУЖЬ-Ё, ШИТЬ-Ё.

МЕТ-ЛА – МЕ-ТЁЛ-КА,
ВЕД-РО – ВЕ-ДЁР-КО,
СЕ-СТРА – СЕ-СТРЁН-КА.

ДОЖ-ДИК ЛЬЁТ И МОК-НЕТ КЛЁН,
МОК-НЕТ ЁЛ-КА, МОК-НЕТ ЛЁН,
ДВЕ СО-СЁН-КИ НА ГО-РЕ,
НУ А ЁЖ СИ-ДИТ В НО-РЕ.

Зз

ЗАЛ, **З**А-РЯ, **З**И-МА, **З**ЕБ-РА, **З**ЕМ-ЛЯ,
ЗЕМ-ЛЯ-НИ-КА, У-**З**ОР, В**З**ОР, КО-**З**А,
РО-**З**А, ГРО-**З**А, КОР-**З**И-НА, РА**З**-МЕР,
МА**З**Ь, ТА**З**, МО-РО**З**, РАС-СКА**З**, ЛА**З**.

И**З** ГЛИ-НЫ МОЖ-НО СДЕ-ЛАТЬ КУВ-ШИН.

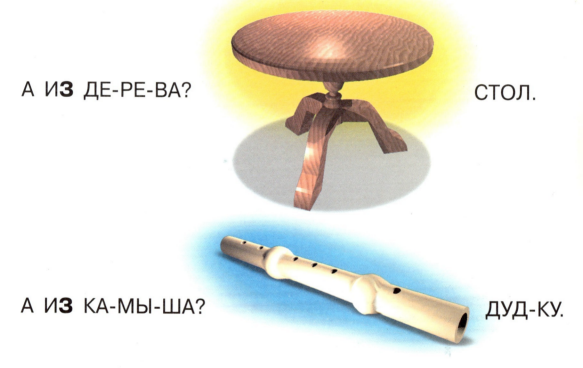

А И**З** ДЕ-РЕ-ВА?   СТОЛ.

А И**З** КА-МЫ-ША?   ДУД-КУ.

ЗО-Я ВЫ-ГЛЯ-НУ-ЛА И**З** ОК-НА И У-ВИ-ДЕ-ЛА **З**И-НУ

ДЕ-ТИ ВЫШ-ЛИ И**З** ДО-МА. У НИХ КОР-**З**И-НЫ. О-НИ СО-БРА-ЛИСЬ **З**А ГРИ-БА-МИ. **З**А НИ-МИ БЕ-ЖИТ ПЁС ТРЕ-**З**ОР.

ЗА ОК-НОМ, **З**А КА-ЛИТ-КОЙ, **З**А О-**З**Е-РОМ, **З**А ДО-РО-ГОЙ.
ЗА ВЕС-НОЙ И-ДЁТ ЛЕ-ТО, А **З**А ЛЕ-ТОМ?

ЗА-ГАД-КА
БЕ**З** РУК, БЕ**З** НОГ, А РИ-СУ-ЕТ?

Щ щ

ЩИ, **Щ**ЕЛЬ, **Щ**У-КА,
ЩЕ-ТИ-НА, Я-**Щ**ИК,
КЛЕ-**Щ**И, ЗА-**Щ**И-ТА,
ТРЕ-**Щ**И-НА, О-ВО**Щ**,
ПЛА**Щ**, КЛЕ**Щ**, ВЕ**Щ**Ь.

СВИСТ – СВИ-**Щ**У,
КРЕСТ – КРЕ-**Щ**У,
ТРЕСК – ТРЕ-**Щ**У,
МОСТ – МО-**Щ**У.

МИШ-КА ЕСТ МЁД.
А Е-**Щ**Ё?

В РО-ЩЕ ЩЕ-ГОЛ, В О-ГО-РО-ДЕ
ЩА-ВЕЛЬ. А ЩУ-КА ГДЕ?
ПЛАЩ ЗА-ЩИ-ЩА-ЕТ ОТ ДОЖ-ДЯ.
А ЗОНТ ЗА-ЩИ-ЩА-ЕТ?

У МЕ-НЯ ЕСТЬ КЛЕ-ЩИ, А Е-ЩЁ МО-ЛО-ТОК.

ПОЛ, ПЛОТ, ПА-ПА, ПОЛ-КА, ПУР-ГА,
ПОД-КО-ВА, ПЕ-РЕ-ПЁЛ-КА, ПО-ВО-РОТ,
О-ПРОС, ШПА-ГА, ЗАР-ПЛА-ТА,
НА-СЫПЬ, ТОПЬ, У-КРОП, ПОД-КОП.

ЗА-ГАД-КА

О-ДИН ПОД БЕ-РЁ-ЗОЙ,
ДРУ-ГОЙ ПОД О-СИ-НОЙ,
И-ДУ Я ЗА НИ-МИ
ПО ТРОП-КЕ ЛО-СИ-НОЙ.

ПО РЕ-КЕ ПЛЫ-ВЁТ ПЛОТ.
ПО ДО-РО-ГЕ И-ДЁТ ПУТ-НИК.
ПО РЕЛЬ-САМ И-ДЁТ ПО-ЕЗД.
ПЕ-РЕД ДО-МОМ РАС-ТЁТ ТО-ПОЛЬ.

ПОС-ЛЕ ДОЖ-ДЯ НАД ПОЛЕМ
ПО-ВИС-ЛА РА-ДУ-ГА.

Хх

ХОЛМ, **Х**А-ТА, **Х**ВО-Я, **Х**О-ДИ-КИ,
МУ-**Х**А, СУ-**Х**АРЬ, У-**Х**О, ПА-РО-**Х**ОД,
СА-**Х**АР, ГО-РО**Х**, ПО-РО**Х**, МО**Х**.

СЛОН – СЛО-НИ-**Х**А, ЛОСЬ – ЛО-СИ-**Х**А,
О-ЛЕНЬ – О-ЛЕ-НИ-**Х**А, КА-БАН – ....

У ГЛЕ-БА БУ-**Х**АН-КА **Х**ЛЕ-БА.

ВВЕР**Х** ПОД-НЯЛ-СЯ СА-МО-ЛЁТ,
ВВЕР**Х** ЗЕ-ЛЁ-НЫЙ ЛЕС РАС-ТЁТ.

ТАМ, ВВЕР-**Х**У, НАД НА-МИ
НЕ-БО С О-БЛА-КА-МИ.
ВЫ-СО-КО НАД НА-МИ –
НЕ ДО-СТАТЬ РУ-КА-МИ.

НА-ВЕР-**Х**У, НА Е-ЛИ,
СИ-ДЯТ КО-РОС-ТЕ-ЛИ.
ВНИ-ЗУ, НА ТРАВ-КЕ,
СИ-ДЯТ КО-ЗЯВ-КИ.

Юю

ЮГ, ЮБ-КА, ВЬЮН, КЛЮВ, У-ТЮГ, КЛЮК-ВА, БРЮ-КИ, ВЬЮ-ГА, КЛЮШ-КА, СА-ЛЮТ, ВЕРБ-ЛЮД.

МОЙ – МО-Ю,
ТВОЙ – ТВО-Ю.

ВДА-ЛЕ-КЕ ОТ СНЕЖ-НЫХ ВЬЮГ
ЮН-ГА ПЛЫЛ НА ЖАР-КИЙ ЮГ.

Я –  Я – ЛА-**Ю**.

Я –  Я – ХР**Ю**-КА-**Ю**.

Я –  Я – МЯ-У-КА-**Ю**.

Ч ч

ЧАН, ЧАЙ-КА, ЧЕ-ЛО-ВЕК, ЧЕ-МО-ДАН,
ОЧ-КИ, ПЧЕ-ЛА, У-ЧЕБ-НИК, У-ДОЧ-КА,
ТУ-ЧА, ЗНА-ЧОК, МЕЧ, КА-ЛАЧ.

ЧЬЁ МО-ЛО-КО? КО-РОВЬ-Е, А ЕЩЁ ЧЬЁ?

ЗА-ЧЕМ ПРИ-ДУ-МАЛ КТО-ТО МЫ-ЛО?
ЗА-ТЕМ, ЧТОБ МЫ-ЛО НАС У-МЫ-ЛО.

**ЧТО ПРИ-НО-СИТ ПОЧ-ТАЛЬ-ОН?
НАМ ГА-ЗЕ-ТЫ НО-СИТ ОН.**

**ПО-ЧЕ-МУ КА-ПЕЛЬ ПО-ЁТ?
ПО-ТО-МУ ЧТО ДОЖДЬ И-ДЁТ.**

Ф ф

ФЛОТ, ФЕ-Я, ФО-КУС, ФЕР-МЕР, ФО-ТО-ГРАФ, ЛИФТ, КОФ-ТА, КОН-ФЕ-ТА, ТЕ-ЛЕ-ФОН, ГРАФ, ТЕ-ЛЕ-ГРАФ.

«ТЯФ-ТЯФ!» – ЩЕ-НОК ЗА-ЛА-ЯЛ ЗВОН-КО, КОГ-ДА У-ВИ-ДЕЛ ОН КО-ТЁН-КА.

ГО-РИТ ЗЕ-ЛЁ-НЫЙ СВЕ-ТО-ФОР,
ЗА-ВО-ДИТ СВОЙ МО-ТОР ШО-ФЁР.

МА-ШИ-НА ПО АС-ФАЛЬ-ТУ МЧИТ,
«ФЫР-ФЫР» МО-ТОР В ПУ-ТИ ФЫР-ЧИТ.

Цц

ЦАРЬ, ЦИРК, ЦАП-ЛЯ, СЦЕ-НА,
ЦА-РА-ПИ-НА, КОН-ЦЕРТ, КОЛЬ-ЦО,
СОЛН-ЦЕ, ПУ-ТА-НИ-ЦА, СПИ-ЦА,
МО-ЛО-ДЕЦ, КО-ЛО-ДЕЦ, О-ТЕЦ.

КО-СА – КО-СИ-ЦА – КО-СИЧ-КА,
ВО-ДА – ВО-ДИ-ЦА – ВО-ДИЧ-КА,
СЕ-СТРА – СЕ-СТРИ-ЦА – ....

НЕ БЫ-ВА-ЕТ У КОЛЬ-ЦА
НИ НА-ЧА-ЛА, НИ КОН-ЦА.

ЛЕВ – ЛЬВИ-**Ц**А,

ВОЛК – ВОЛ-ЧИ-**Ц**А,

МЕД-ВЕДЬ – ………

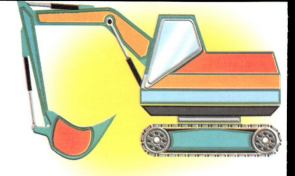

Э-ХО, ЭК-РАН, ЭС-КИ-МО, Э-ТА-ЖЕР-КА, ЭС-КИ-МОС, Э-ЛЕК-ТРО-ПО-ЕЗД, Э-ЛЕК-ТРО-СВАР-ЩИК, Э-ЛЕК-ТРО-НИ-КА.

ЗА-ГАД-КА

ПО О-ВРА-ГАМ, ПО НИ-ЗИН-КАМ
ХО-ДИТ ЛЕ-СОМ НЕ-ВИ-ДИМ-КА,
ПО-ВТО-РЯ-Я ВСЛЕД ЗА МНОЙ
ВСЕ СЛО-ВА В ТИ-ШИ ЛЕС-НОЙ.
ЕС-ЛИ КРИК-НУ Я «ПРИ-ВЕТ!»,
МНЕ «ПРИ-ВЕТ» ПРИ-ДЁТ В ОТ-ВЕТ.

Э-ТО – ДОМ С КРЫ-ЛЕЧ-КОМ.
Э-ТО – НА-ША РЕЧ-КА.
В Э-ТОЙ РЕЧ-КЕ СОМ ЖИ-ВЁТ.
Э-ТОТ СОМ ГОС-ТЕЙ НЕ ЖДЁТ.

Ъъ

СЪЕЗД, ОБЪЕЗД,
КИ-НО-СЪЁМ-КА,
ОБЪ-ЯВ-ЛЕ-НИ-Е.

МА-ШИ-НА О-ДО-ЛЕ-ЛА КРУ-ТОЙ ПОДЪ-ЁМ
И ВЪЕ-ХА-ЛА В ГО-РУ: СЛЕ-ВА ВИД-НЕЛ-СЯ
ЛЕС, А СПРА-ВА – ХЛЕБ-НО-Е ПО-ЛЕ.

Литературно-художественное издание
Серия «Учебник для малышей»
БУКВАРЬ
Азбука и загадки
Для младшего школьного возраста
Текст Владимира Александровича СТЕПАНОВА
Художник И. Н. ПРИХОДКИН

Подписано в печать 17.03.2003. Формат 70x90 $^1/_{16}$. Тираж 30 000 экз. Заказ № 901.

ООО «Фолиант-Пресс», 2003. 125083, Москва, Верхняя Масловка, 16.
Тел.: 214-76-50, 214-76-42, 214-42-03.

© ООО Издательство «Фламинго», 2002. 125083, Москва, Верхняя Масловка, 16.
Тел.: 214-76-50, 214-76-42, 214-42-03.   www.izdflamingo.orc.ru   e-mail: flamingo@orc.ru

ФГУП Тверской ордена Трудового Красного Знамени полиграфкомбинат детской литературы
им. 50-летия СССР Министерства Российской Федерации по делам печати,
телерадиовещания и средств массовых коммуникаций.
170040, г. Тверь, проспект 50-летия Октября, 46.